Impressum
Verlag: BABADADA GmbH, Nedderfeld 112 , 22529 Hamburg
Geschäftsführer / Verlagsleitung: Harald Hof
Druck: Books on Demand GmbH, In de Tarpen 42, 22848 Norderstedt

Imprint
Publisher: BABADADA GmbH, Nedderfeld 112 , 22529 Hamburg, Germany
Managing Director / Publishing direction: Harald Hof
Print: Books on Demand GmbH, In de Tarpen 42, 22848 Norderstedt

l'école

xikolo

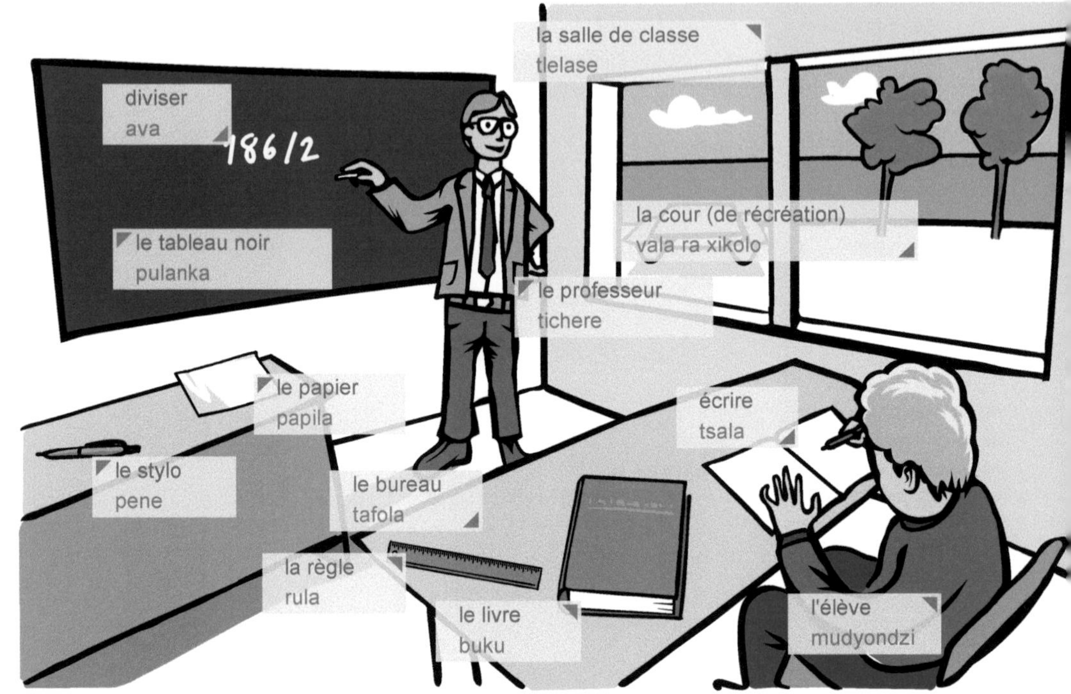

la salle de classe
tlelase
diviser
ava
186/2
la cour (de récréation)
vala ra xikolo
le tableau noir
pulanka
le professeur
tichere
le papier
papila
écrire
tsala
le stylo
pene
le bureau
tafola
la règle
rula
le livre
buku
l'élève
mudyondzi

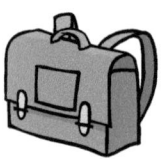

le cartable

xinkwamana

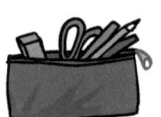

la trousse

bokisi ra tipensele

le crayon

pensele

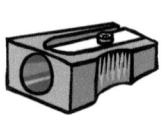

le taille-crayon

muchini wo vatla tipensele

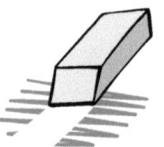

la gomme

rhaba

le carnet à dessin

papilo ro dirowa

le dessin

xifaniso lexi diroweke

le pinceau

burachi ro penda

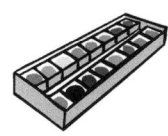

la boîte de peinture

bokisi ro penda

les ciseaux

xikero

la colle

xidamarheti

le cahier d'exercices

buku ya xikolo

les devoirs

ntirho wa le kaya

le chiffre

nombhoro

additionner

engeta

soustraire

susa

multiplier

andzisa

calculer

hlaya

la lettre

letere

l'alphabet

maletere

le mot

rito

le texte

rungula

lire

hlaya

la craie

choko

la leçon

dyondzo

le livre de classe

tsarisa

l'examen

xikambelo

le certificat

xitifiketi

l'uniforme scolaire

swiambalo swa xikolo

la formation

dyondzo

le lexique

nsonga-vutivi

l'université

univhesiti

le microscope

makhiriskopu

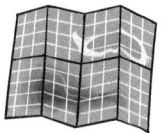

la carte

mepe

la corbeille à papier

xikotela xo lahla maphepha

le voyage
kufamba

l'hôtel
hotele
Grand
l'auberge
hositele
ROOMS
le bureau de change
ndhawu yo cinca mali
CHANGE
la valise
putumendhe
la voiture
movha

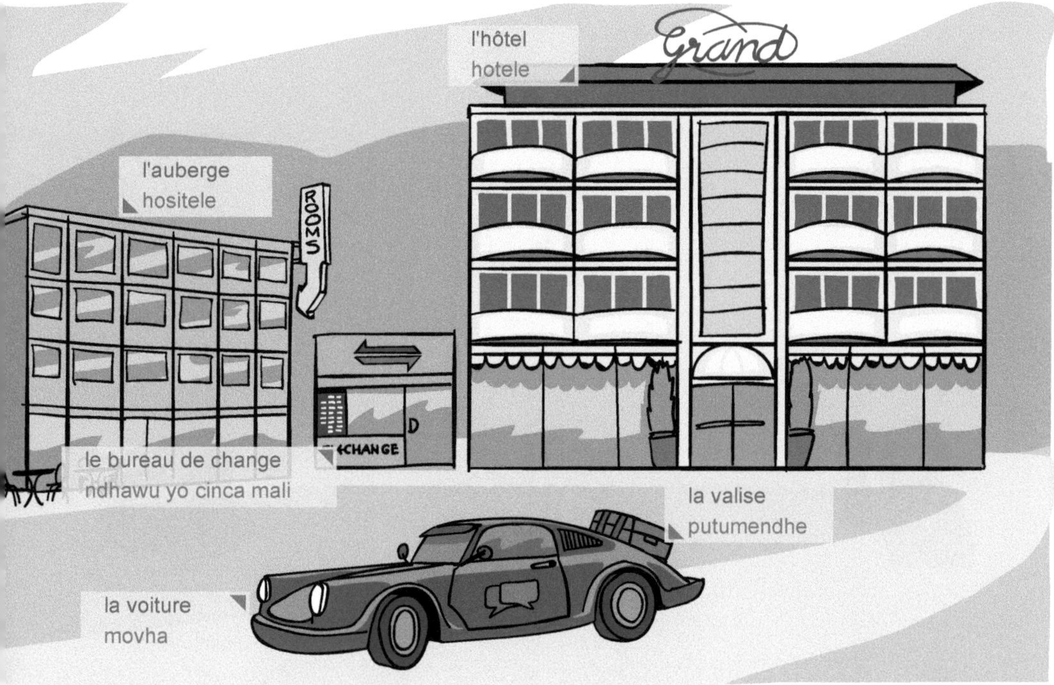

la langue

ririmi

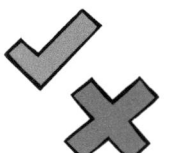

oui / non

ina / e-e

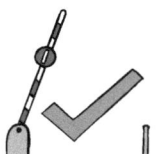

d'accord

Swikahle

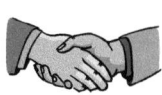

Salut

ahe

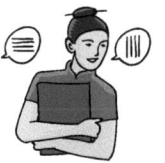

l'interprète

muhundzuluxeri

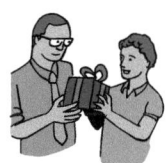

merci

Ndza khensa

Combien coûte...?

ivungani...?

Je ne comprends pas

Andzi twisisi

le problème

nkinga

Bonsoir !

Riperile!

Bonjour !

Maxelo ya kahle!

Bonne nuit !

Vusiku bya kahle!

Au revoir

sala kahle

la direction

nkongomiso

les bagages

mindzhwalo

le sac

nkwama

le sac-à-dos

nkwama

l'hôte

muendzi

la pièce

kamara

le sac de couchage

nkwama wo etlela

la tente

tende

l'office de tourisme

vuxokoxoko bya vaendzi

la plage

ribuwa

la carte de crédit

khadi ra xikweleti

le petit-déjeuner

xifihlulo

le déjeuner

swakudya swa ninhlekani

le dîner

swakudya swa nimadyambu

le billet

thikithi

l'ascenseur

kheshe

le timbre

xitempe

la frontière

ndzilakana

la douane

mikhuva

l'ambassade

hovisi ya vuyimeri ya tiko

le visa

visa

le passeport

pasi ro endza

le transport
swilo swo famba

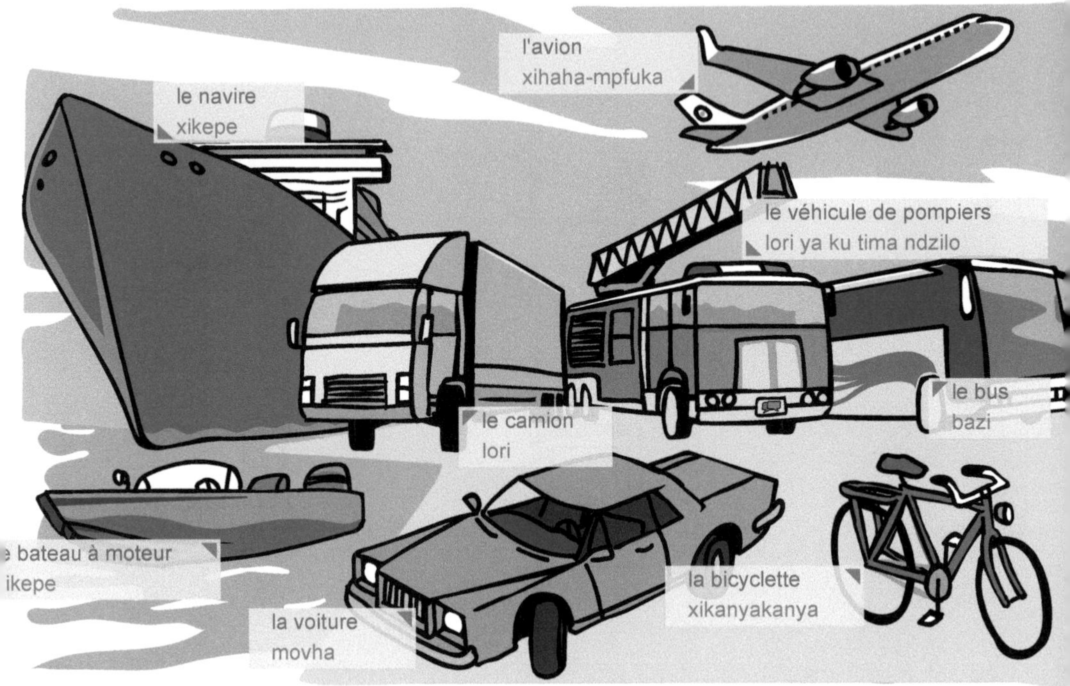
l'avion
xihaha-mpfuka
le navire
xikepe
le véhicule de pompiers
lori ya ku tima ndzilo
le bus
bazi
le camion
lori
e bateau à moteur
ikepe
la bicyclette
xikanyakanya
la voiture
movha

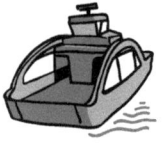

le ferry
xikepe

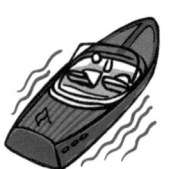

la barque
xikepe

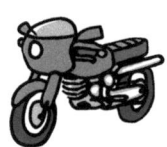

la moto
xithuthuthu

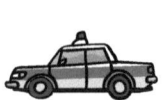

la voiture de police
movha wa maphorisa

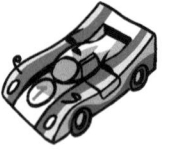

la voiture de course
movha wa mphikizano

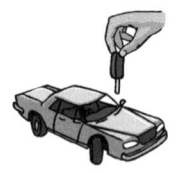

la voiture de location
movha yo lombiwa

l'auto-partage

ku avelana hi movha

la voiture de remorquage

lori yo koka timovha

la benne à ordures

lori yo rhwala chaka

le moteur

njhini

l'essence

mafurha

la station d'essence

ndhawu yo xavisa petirolo

le panneau indicateur

mpfungo wa le patwini

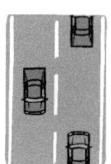

le trafic

mafambelo ya mimovha

l'embouteillage

ntlimbano wa timovha

le parking

phaki ya timovha

la gare

xitichi xa xitimela

les rails

mintila

le train

xitimela

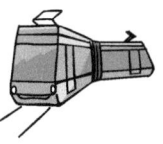

le tramway

banzi leri fambaka
exiporweni

le wagon

kalichi

l'hélicoptère

xihaha-mpfuka-phatsa

l'aéroport

rivala ra siwhaha-mpfuka

la tour

xihondzo

le passager

mukhandziyi

le conteneur

bokisi

le carton

bokisi

le chariot

kalichi

la corbeille

xirhundzi

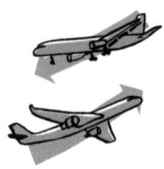

décoller / atterrir

suka / tshama

la ville

doroba

le village

muti

le centre-ville

nkava wa doroba

la maison

yindlu

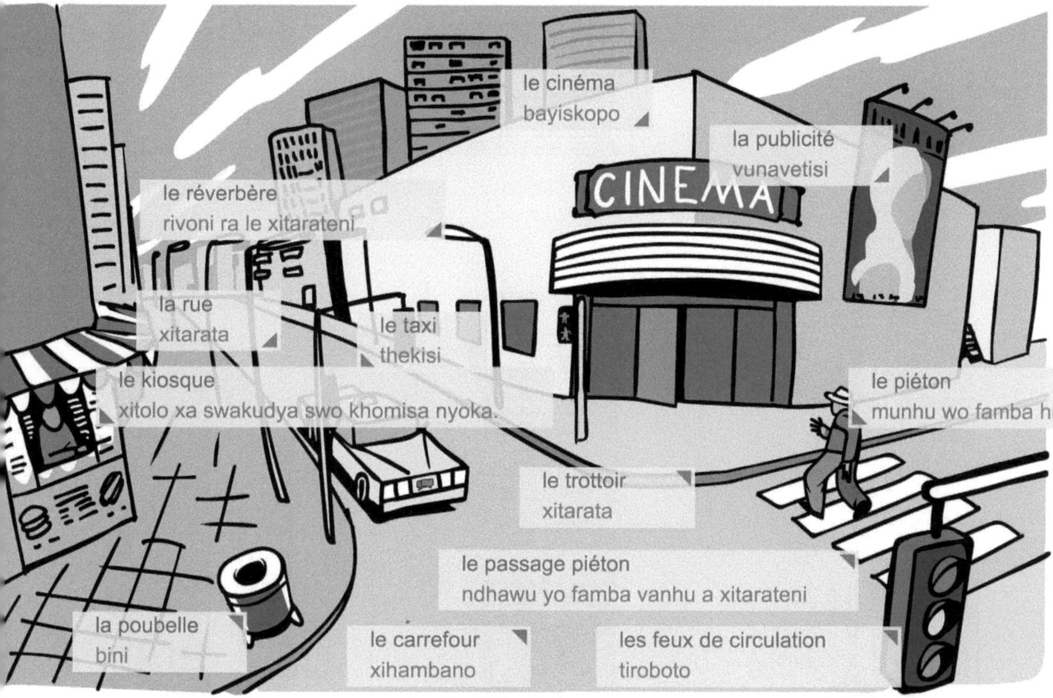

le cinéma
bayiskopo

la publicité
vunavetisi

le réverbère
rivoni ra le xitarateni

CINEMA

la rue
xitarata

le taxi
thekisi

le kiosque
xitolo xa swakudya swo khomisa nyoka.

le piéton
munhu wo famba hi

le trottoir
xitarata

le passage piéton
ndhawu yo famba vanhu a xitarateni

la poubelle
bini

le carrefour
xihambano

les feux de circulation
tiroboto

la cabane
xiyindlwana xa byanyi

l'appartement
yindlu

la gare
xitichi xa xitimela

la mairie
holo ya vanhu

le musée
muziyamu

l'école
xikolo

l'université

univhesiti

la banque

bangi

l'hôpital

xibedlhele

l'hôtel

hotele

la pharmacie

xitolo xa miri

le bureau

hofisi

la librairie

xitolo xa tibuku

le magasin

xitolo

le fleuriste

xitolo xa swiluva

le supermarché

xitolo le xikulu swinene

le marché

makete

le grand magasin

xitolo le xikulu

la poissonnerie

xitolo xa tinhlampfi.

le centre commercial

ndhawu ya switolo

le port

hlaluko

le parc

phaka

la banque

bence

le pont

buloho

les escaliers

switepisi

le métro

ehansi ka misava

le tunnel

muhocho

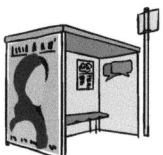

l'arrêt de bus

xitichi xa tibanzi

le bar

barha

le restaurant

rhesiturente

la boîte à lettres

bokisi ra poso

le panneau indicateur

mfungho wa xitarata

le parcmètre

muchini wa mali ya ku phaka

le zoo

ntanga wa swiharhi

le réverbère

damu ro xambela

la mosquée

mosque

la ferme

purasi

la pollution

nthyakiso

la cimetière

masirha

l'église

kereke

l'aire de jeux

rivala ra mintlangu

le temple

tempele

le paysage
ndhawu

la feuille
tluka

le panneau indicateur
mfungho wa gondzo

le chemin
ndlela

le pré
byanyi byo tala

la pierre
ribye

l'arbre
murhi

le randonneur
munhu wo khandziya tintshava

la rivière
nambu

l'herbe
byanyi

la fleur
xiluva

la vallée

nkova

la montagne

xitsunga

le lac

tiva

la forêt

khwati

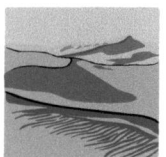

le désert

mananga

le volcan

volkheno

le château

ntsinda

l'arc-en-ciel

nkwangulatilo

le champignon

swikowa

le palmier

murhi wa nchindzu

le moustique

nsuna

la mouche

haha

les fourmis

vusokoti

l'abeille

nyoxi

l'araignée

puma

le coléoptère

xifufunhunu

la grenouille

chele

l'écureuil

maxindyana

le hérisson

nhloni

le lièvre

mfundla

la chouette

xikhova

l'oiseau

xinyenyane

le cygne

sekwa

le sanglier

ngluve ya nhova

le cerf

mhunti

l'élan

mhofu

le barrage

damu

l'éolienne

xipelupelu xa moya

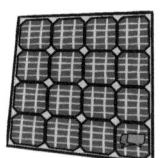

le panneau solaire

bodo leyi tswongaka kuhisa
ka dyambu

le climat

maxelo

le serveur
muphameri

le menu
nxaxamelo wa swakudya

la chaise
xitulu

la soupe
sopo

la pizza
pizza

les couverts
swibya

la nappe
lapi ra tafula

les hors d'œuvre

wakudya swa ku naveta

le plat principal

swakudya

le dessert

swo rhelerisa

les boissons

swakunwa

l'alimentation

swakudya

la bouteille

bodlhela

le fast-food

swakudya swa xihatla

les plats à emporter

swakudya swa le ndleleni

la théière

mbita ya tiya

le sucrier

xibye xa chukela

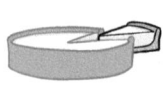

la portion

xiphemu

la machine à expresso

muchini wa espresso

la chaise haute

xitulu xa le henhla

la facture

swikweleti

le plateau

thireyi

le couteau

mukwana

la fourchette

foroko

la cuillère

lepula

la cuillère à thé

xilepulana

la serviette

phepha ro sula nomu

le verre

nghilazi

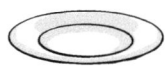

l'assiette
pleti

l'assiette à soupe
pleti ya sopo

la soucoupe
sosara

la sauce
murhu

la salière
xilo xo chele munyu

le moulin à poivre
xilo xo gaya

le vinaigre
vhiniga

l'huile
mafurha

les épices
swinyunyeteri

le ketchup
ketchup

la moutarde
mustard

la mayonnaise
mayonasi

le supermarché

xitolo le xikulu swinene

l'offre promotionnelle
nyiko yo hlawuleka
FOR
le client
muxavi
les produits laitiers
ntsamba
les fruits
mihandzu
le chariot
xikocikara

BUTCHERS

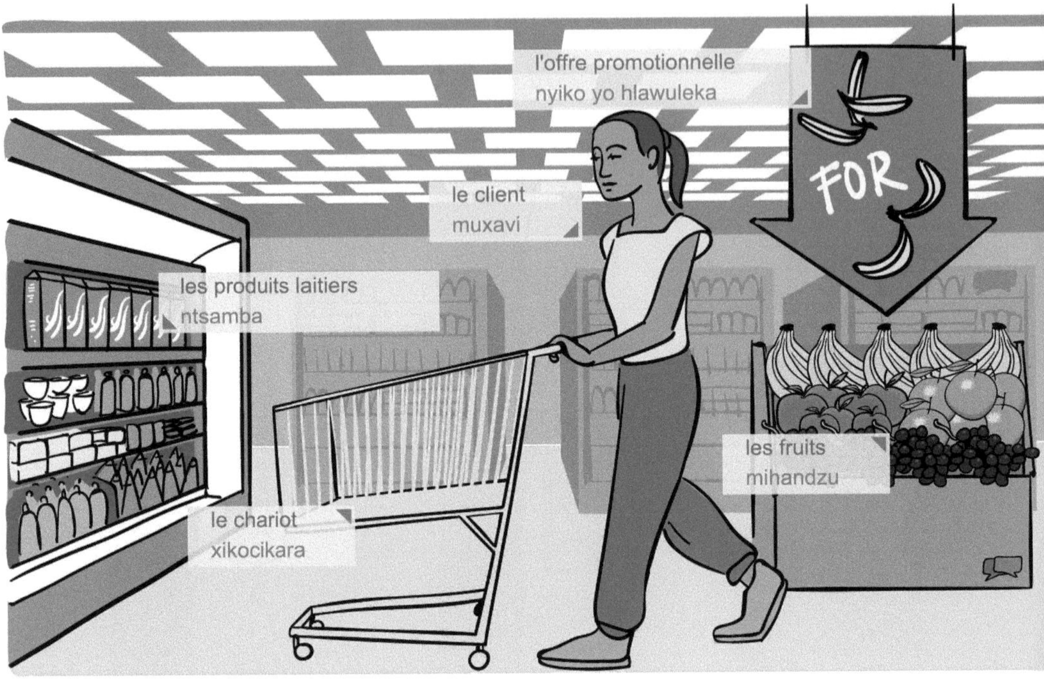

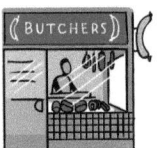

la boucherie

buchara

BAKERY

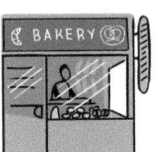

la boulangerie

bekari

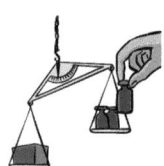

peser

ringanyeta

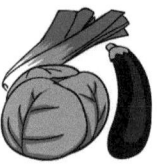

les légumes

swimila

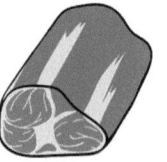

la viande

nyama

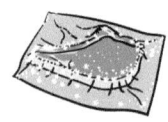

les aliments surgelés

swakudya swo titimela

la charcuterie
nyama

les conserves
swakudya leswi nga thinini

la poudre à lessive
mapa yo hlanswa

les bonbons
malekere

les articles ménagers
switirhisiwa swa le ndlwini

les détergents
swilo swo basisa

la vendeuse
munhu wo xavisa

la caisse
thili

le caissier
muamukeli wa timali

la liste d'achats
xaxamelo wa swo xaviwa

les heures d'ouverture
nkarhi wa ku tirha

le portefeuille
nkwama wa mali

la carte de crédit
khadi ra xikweleti

le sac
nkwama

le sac en plastique
nkwama wa pulasitiki

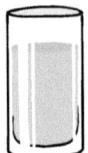

l'eau

mati

le jus de fruit

ntsutsu

le lait

meleke

le coca

coke

le vin

vhinyo

la bière

byalwa

l'alcool

byala

le chocolat chaud

cocoa

le thé

tiya

le café

kofi

l'expresso

espresso

le cappuccino

cappuccino

la banane

banana

la pomme

apula

l'orange

lamula

le melon

kalabatla

le citron.

swiri

la carotte

kherotsi

l'ail

swinyalana

le bambou

musengele

l'oignon

nyala

le champignon

swikowa

les noisettes

timanga

les pâtes

makaroni ya nyama

les spaghetti

spaghetti

le riz

rhayisi

la salade

saladi

les pommes frites

machipisi

les pommes de terre rôties

nhlata wo katingiwa

la pizza

pizza

le hamburger

hamburger

le sandwich

xinkwa

l'escalope

cutlet

le jambon

ham

le salami

salami

la saucisse

soseji

le poulet

huku

le rôti

katinga

le poisson

hlampfi

les flocons d'avoine

oats

le muesli

muesli

les cornflakes

rivele-ndzoho

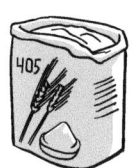

la farine

filawa

le croissant

bantsi

les petits-pains

xinkwa

le pain

xinkwa

le pain grillé

xinkwa xo oxiwa

les biscuits

makokisi

le beurre

botere

le fromage blanc

ribomba ra tswamba

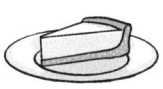

le gâteau

khekhe

l'œuf

tandza

l'œuf au plat

matandza lama katingiweke

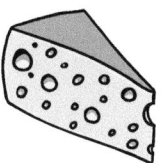

le fromage

chizi

la glace

ayisi khrimi

le sucre

chukela

le miel

vulombe

la confiture

jamu

la crème nougat

botere ya chokoleti

le curry

curry

la ferme
purasi

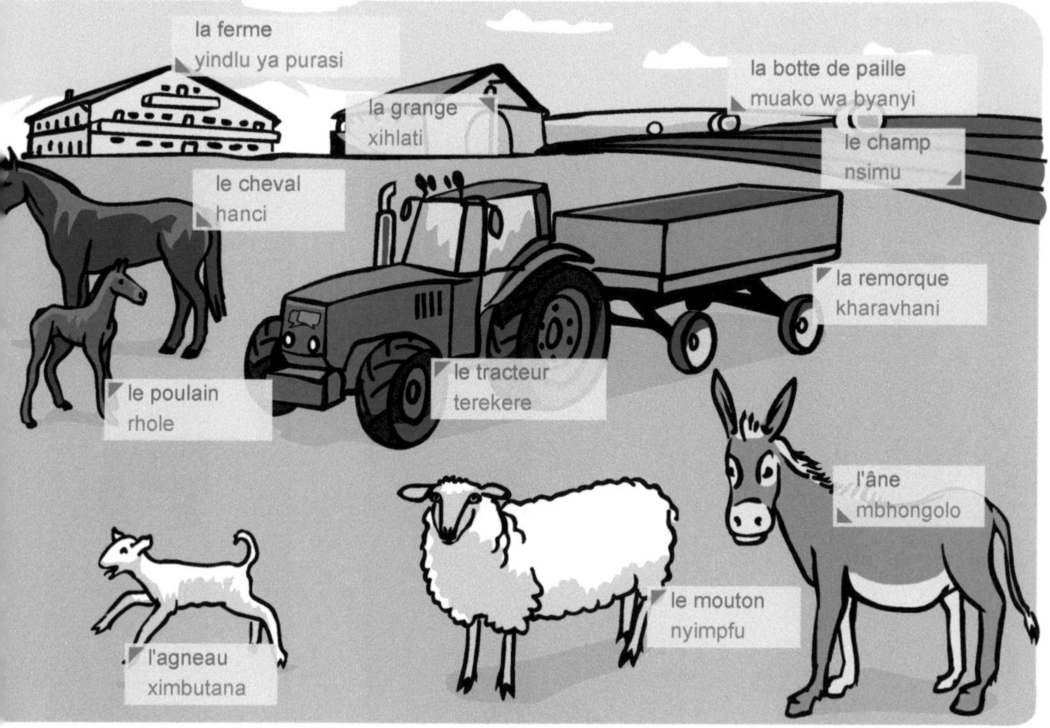
la ferme
yindlu ya purasi
la grange
xihlati
la botte de paille
muako wa byanyi
le champ
nsimu
le cheval
hanci
la remorque
kharavhani
le tracteur
terekere
le poulain
rhole
l'âne
mbhongolo
le mouton
nyimpfu
l'agneau
ximbutana

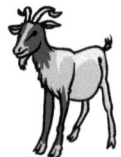

la chèvre
mhunti

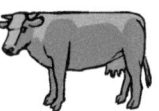

la vache
homu

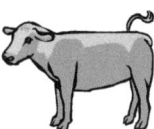

le veau
rhole

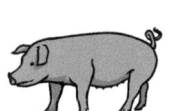

le porc
nguluve

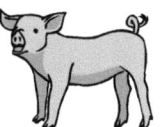

le porcelet
xingulubyana

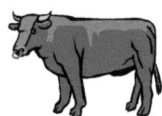

le taureau
nkuzi

l'oie

sekwa

le canard

sweka

le poussin

xikukwana

la poule

mbhaha

le coq

nkuku

le rat

kondlo

le chat

ximanga

la souris

kondlo

le bœuf

homu

le chien

mbyana

le chenil

yindlu ya mbyana

le tuyau de jardin

payipi ya mati

l'arrosoir

xilo xo chelela mati

la faucheuse

nsimbi yo tsema

la charrue

xikomu

la faucille

sikele

la pioche

xikomu

la fourche

foroko le yikulu

la hache

xihloka

la brouette

bara

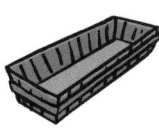

la cuve

xitsengele

le pot à lait

xilo xo chela ntswamba

le sac

saka

la clôture

rirhangu

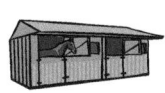

l'étable

xivala

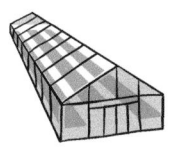

le serre

yindlu ya vuhlayiselo bya
swimilana

le sol

misava

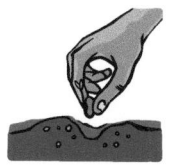

les semences

mbewu

l'engrais

swinonisi

la moissonneuse-batteuse

muchini wa ku tshovela

récolter

tshovela

la récolte

ntshovelo

l'igname

mintsumbula

le blé

koroni

le soja

tinyawa

la pomme de terre

nhlata

le maïs

koroni

le colza

rapeseed

l'arbre fruitier

nsinya wa mihandzu

le manioc

ntsumbula

les céréales

swakudya swa tidzoho

la maison

yindlu

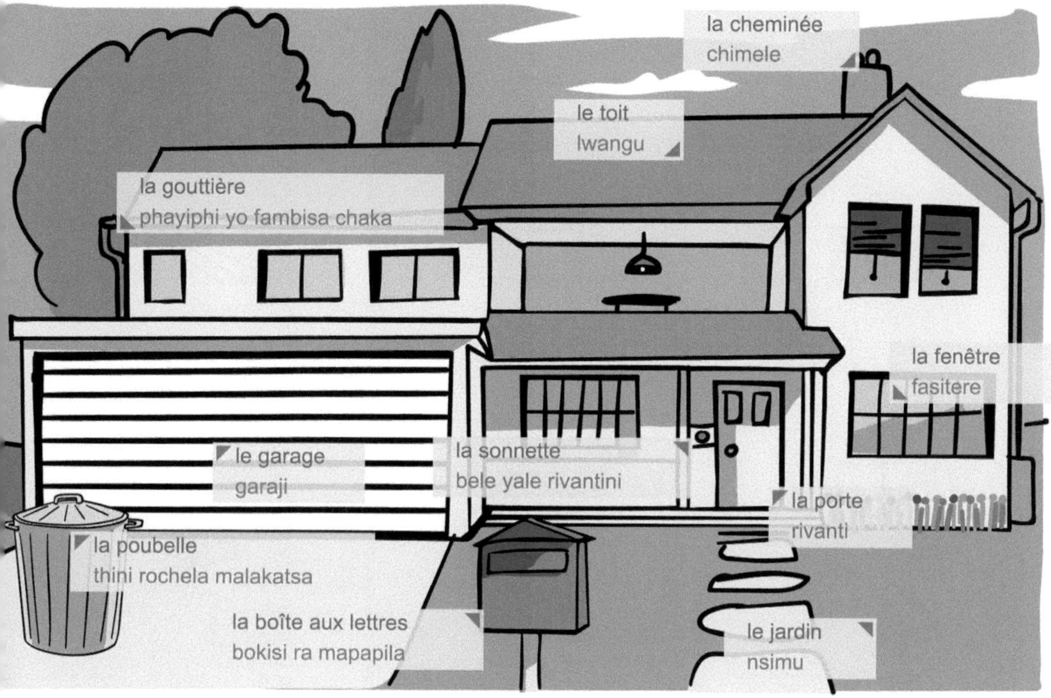

la cheminée
chimele
le toit
lwangu
la gouttière
phayiphi yo fambisa chaka
la fenêtre
fasitere
le garage
garaji
la sonnette
bele yale rivantini
la porte
rivanti
la poubelle
thini rochela malakatsa
la boîte aux lettres
bokisi ra mapapila
le jardin
nsimu

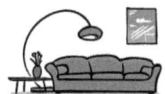

le salon

kamara ro tshama

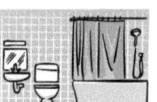

la salle de bain

kamara yo hlambela

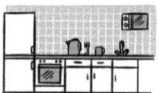

la cuisine

khishini

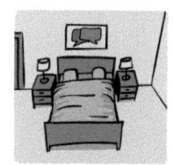

la chambre à coucher

kamera ro etlela

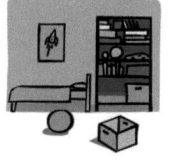

la chambre d'enfant

kamana ya vana

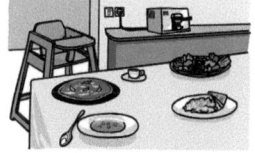

la salle à manger

ndhawu yo dyela

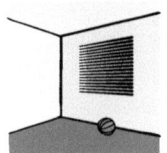

le sol
ehansi

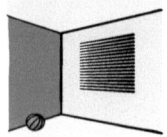

le mur
khumbi

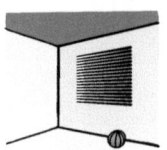

le plafond
silingi

la cave
kamera ra le hansi

le sauna
phungula

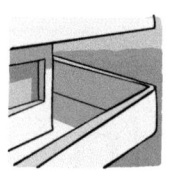

le balcon
rikupakupa

la terrasse
tshala

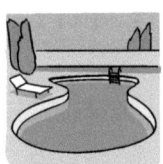

la piscine
damu

la tondeuse à gazon
muchini wo tsema byanyi

la housse
nkumba

la couette
swo andlalela mubedo

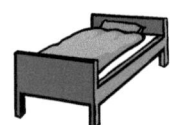

le lit
mubedo

le balai
nkukulu

le sceau
bakiti

l'interrupteur
swichi

le salon
kamara ro tshama

le papier peint
phepha ra le khumbini
l'image
xifaniso
la lampe
rivoni
l'étagère
xelufu
l'armoire
khabodo
la télé
thelevhixini
la cheminée
xitiko
la fleur
xiluva
le coussin
xikhengele
le sofa
sofa
le vase
mbita
la télécommande
xilawula-kule

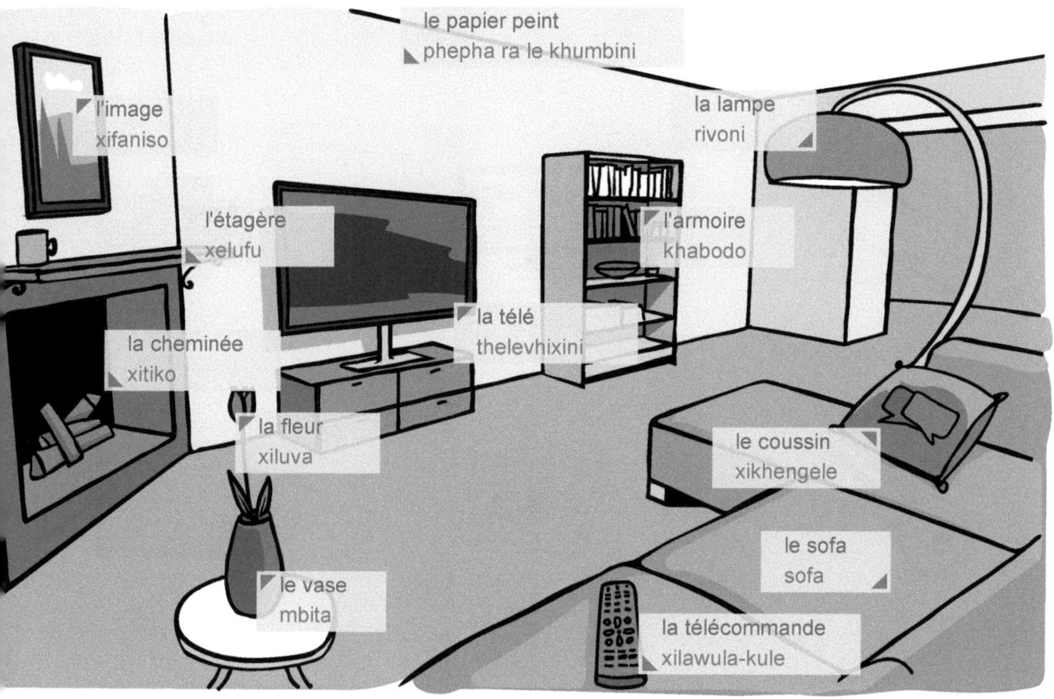

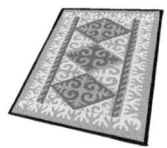

le tapis
khapete

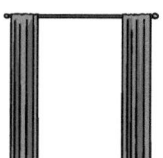

le rideau
khethenisi

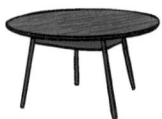

la table
tafula

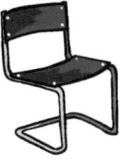

la chaise
xitulu

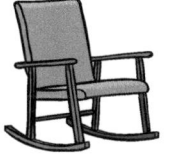

la chaise à bascule
xitulu xo mbuwetela

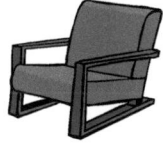

le fauteuil
xitulu xo tlhandleka mavoko

le livre

buku

la couverture

nkumba

la décoration

nkhaviso

le bois de chauffage

tihunyi

le film

filimi

la chaîne hi-fi

muchini wa hi-fi

la clé

xinotlelo

le journal

phepha-hungu

la peinture

xifaniso lexi vatliweke

le poster

bodo ya xifaniso

la radio

xiya-ni-moya

le bloc-notes

buku yo tsala tinhla

l'aspirateur

hoover

le cactus

xiluva xa cactus

la bougie

khandlela

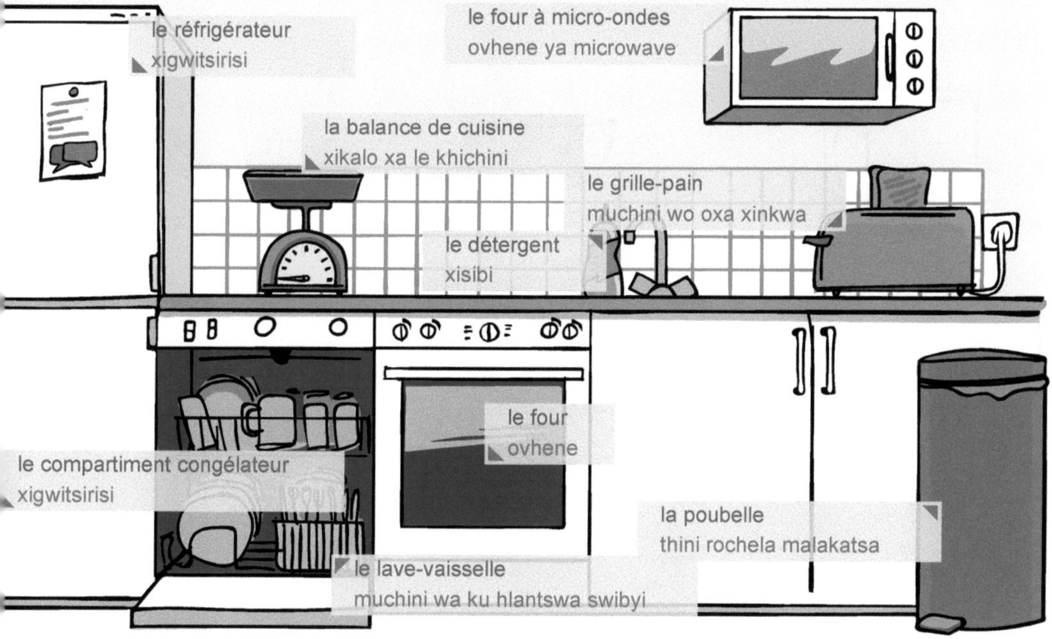

le réfrigérateur
xigwitsirisi

le four à micro-ondes
ovhene ya microwave

la balance de cuisine
xikalo xa le khichini

le grille-pain
muchini wo oxa xinkwa

le détergent
xisibi

le four
ovhene

le compartiment congélateur
xigwitsirisi

la poubelle
thini rochela malakatsa

le lave-vaisselle
muchini wa ku hlantswa swibyi

le four

mosweki

la casserole

poto

la marmite

poto ra nsimbi

le wok / kadai

nbita yo swekela / kadai

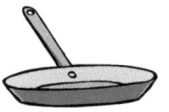

la poêle

pani

la bouilloire electrique

ketlele

le cuiseur vapeur

xo sweka hi nkahelo

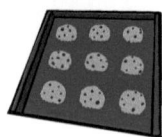

la plaque de cuisson

thireyi ya ku baka

la vaisselle

swibya

le gobelet

xikomichana

la coupe

ximbitana

les baguettes

ti-chopstick

la louche

xipunu

la spatule

spatula

le fouet

muchini wo hlanganisa

la passoire

sefo

le tamis

xisefo

la râpe

xilo xo tsemelela

le mortier

xibye

le barbecue

nyama yo oshiwa

la cheminée

ndzilo

la planche à découper

bodo ya ku tsemelela

le rouleau à pâtisserie

mhandzi yo andlala fulawa

le tire-bouchon

xo pfula mabodlhela

la boîte

thini

l'ouvre-boîte

xo pfula mathini

les maniques

xo khoma poto

le lavabo

zinki

la brosse

buracha

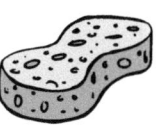

l'éponge

xiponci

le mixeur

xilo lexi hlanganiselaka

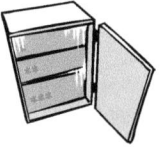

le congélateur

xigwitsirisi

le biberon

bodlhela ra n'wana

le robinet

pompi

la salle de bain
kamara yo hlambela

le chauffage
kukufumeta
la serviette
thawula
la douche
shawara
le rideau de douche
khethenisi ra shawara
le bain moussant
xisibi xo hlambela a bavhini
la baignoire
bavhu
le verre
nghilazi
la machine à laver
muchini wa ku hlantswa
le robinet
pompi
le carrelage
tithayilisi
le pot
xihambukelo
le lavabo
zinki

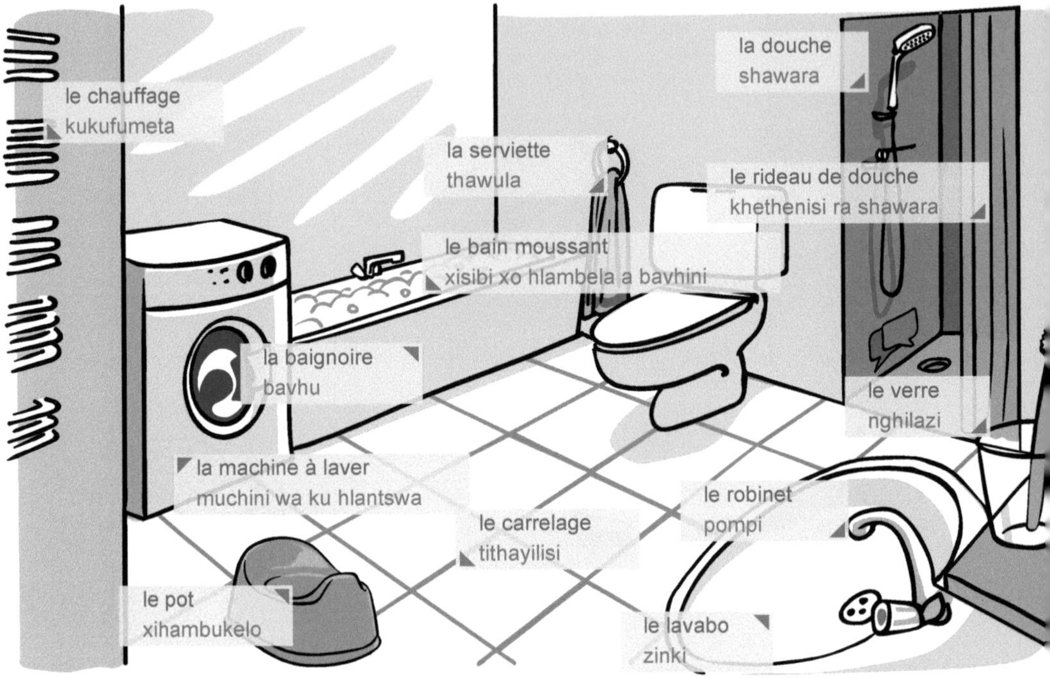

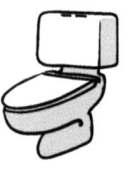

les toilettes

xihambukelo

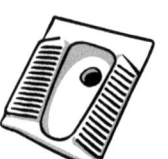

la toilette à la turque

xihambukelo

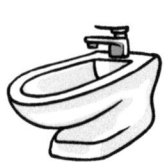

le bidet

bidet

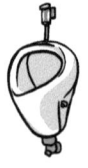

l'urinoir

ndhawu yo tsakamisela

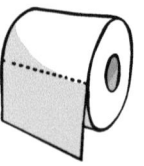

le papier toilette

papila ra xihambukelo

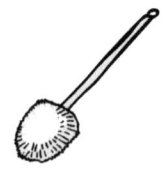

la brosse à toilette

burachi bya xihambukelo

la brosse à dents

burachi bya meno

le dentifrice

xisibi xa meno

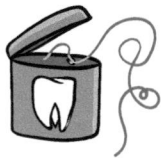

le fil dentaire

xo basisa exikarhi ka meno

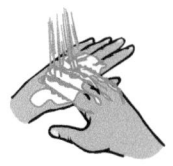

laver

hlamba

la douche manuelle

xawara yo khomiwa hivoko

la douche intime

douche

la vasque

xihlambelo

la brosse dorsale

buracha ra nhlana

le savon

xisibi

le gel douche

xisibi xa xawara

le shampooing

shampoo

le gant de toilette

swilapana

l'écoulement

xinambyana

la crème

rivomba

le déodorant

xinhuherisi

le miroir

xivoni

le miroir cosmétique

xivoni xo khomiwa hivoko

le rasoir

rikarhi

la mousse à raser

xisibi so susa malevu

l'après-rasage

mafurha ya kutola loku u
heta ku tsemeta malevu

la peigne

kama

la brosse

buracha

le sèche-cheveux

muchini wo omisa mosisi

la laque pour cheveux

mafurha yo tola mosisi

le fond de teint

xo tisasekisa

le rouge à lèvres

xotota nomo

le vernis à ongles

xo tota minwala

l'ouate

kotoni

le coupe-ongles

xo tsema minwala

le parfum

xinhuherisi

la trousse de toilette

nkwama wa le
xihambukelweni

le tabouret

nchuluko

le pèse-personne

xikalo

le peignoir

nguvu yo hlamba

les gants de nettoyage

tiglovhu ta raba

le tampon

tampon

es serviettes hygiéniques

thawula ra ku basisa

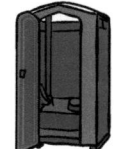

la toilette chimique

xihambukelo xa le handle

la chambre d'enfant
kamana ya vana

le réveil
alamu ya wachi
le doudou
xo tlanga sa ku etlela
la voiture jouet
movha ya ku tlangisa
le hochet
xokocokoco
la maison de poupée
yindlu ya swipopana
le cadeau
nyiko

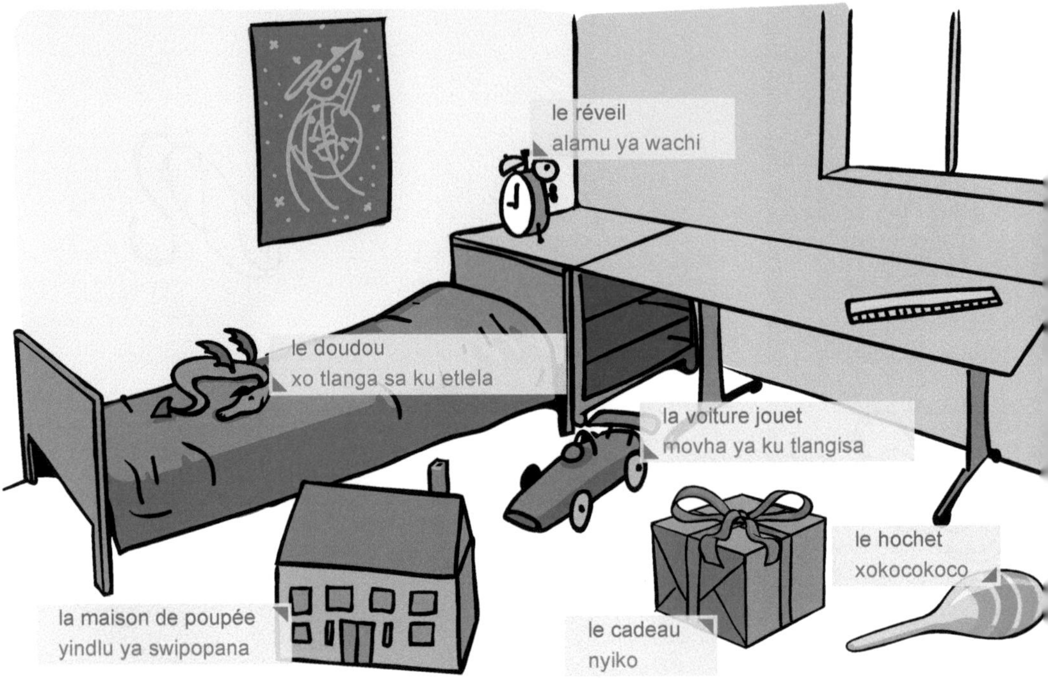

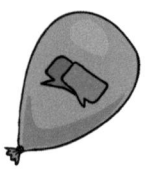

le ballon
baluni

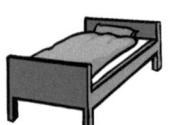

le lit
mubedo

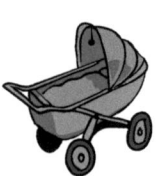

la poussette
pureme

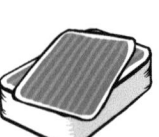

le jeu de cartes
makhadi

le puzzle
jigsaw

SUPER
MEGA
la bande dessinée
khomiki

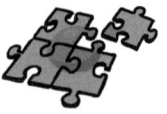

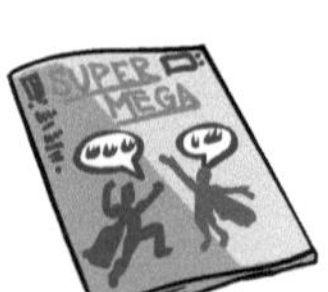

les pièces lego

switina swa lego

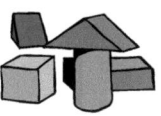

les blocs de construction

swiaki

la figurine

xo tlanga xa vana

la grenouillère

swiambalo swa nwana

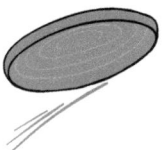

le frisbee

Frisbee

le mobile

mobile

le jeu de société

ntlango wa le bodweni

le dé

dayisi

le train miniature

xitimela xo tlanga

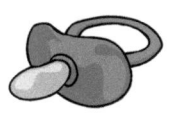

la sucette

xo tlangisa vana

la fête

nkhuvo

le livre d'images

buku ya swifaniso

la balle

bolo

la poupée

xipopana

jouer

tlanga

le bac à sable

khele ra sava

la balançoire

muchinginya

les jouets

swilo swo tlangisa

la console de jeu

mintlango ya vhidiyo

le tricycle

xithuthuthu xa mivhilwa manharhu

l'ours en peluche

tibere to tlangisa

l'armoire

wadirobo

les vêtements

swiambalo

les chaussettes

masokisi

les bas

masokisi

le collant

buruku byo tlimba

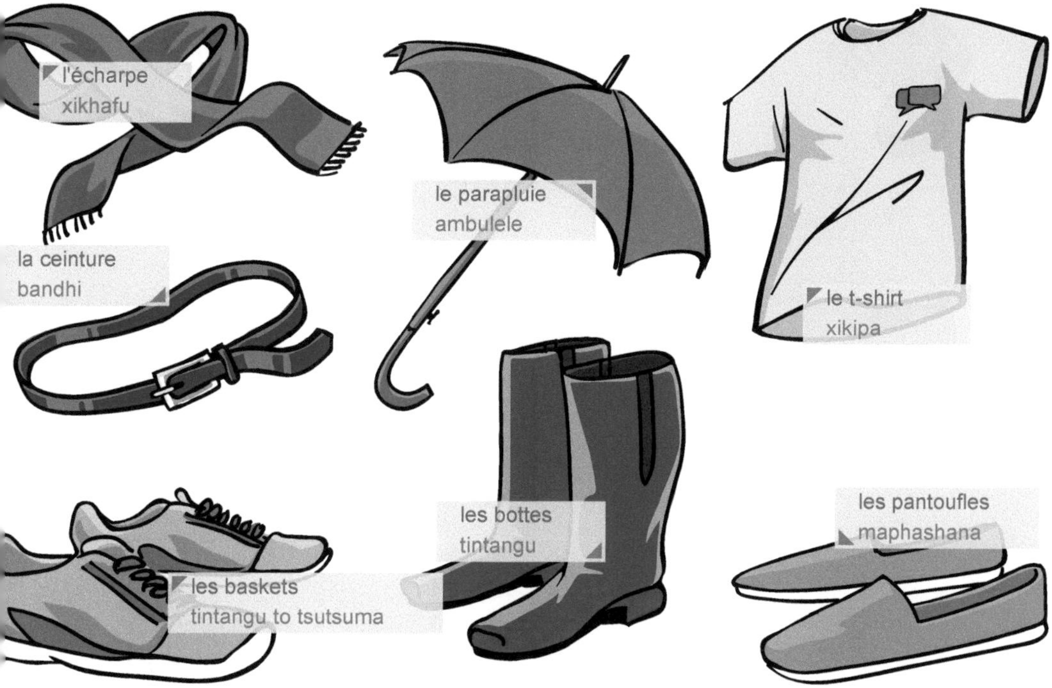

l'écharpe
xikhafu

le parapluie
ambulele

le t-shirt
xikipa

la ceinture
bandhi

les bottes
tintangu

les pantoufles
maphashana

les baskets
tintangu to tsutsuma

les sandales
....
maphashana

les chaussures
....
tintangu

les bottes de caoutchouc
....
majombo ya raba

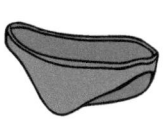

les sous-vêtements
....
maburuko ya le ndzeni

le soutien-gorge
....
bodi

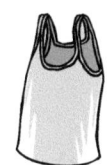

le maillot de corps
....
xikipa xa le ndzeni

le body
miri

le pantalon
maburuko

le jean
bokati

la jupe
xiketi

le chemisier
bulawusi

la chemise
hembe

le pull
jesi

le sweat à capuche
jazi ro fingeneta nhloko

la veste
buleyizara

la veste
baji

le manteau
nghuvo

l'imperméable
jazi rampfula

le costume
swiambalo

la robe
swiambalo

la robe de mariée
rhoko ya mucato

le costume

sudu

la chemise de nuit

xiambalo xo etlela

le pyjama

swi ambalo swo etlela

le sari

sari

le foulard

xikhafu

le turban

duku

la burqa

burqa

le caftan

swi ambalo

l'abaya

abaya

le maillot de bain

wiambalo swo hlambela

le maillot de bain

maburuko ya le ndzeni

le short

buruku ro koma

a tenue d'entraînement

tracksuit

le tablier

fasikoti

les gants

maglilavhu

le bouton

kunupu

les lunettes

manghilazi ya mahlo

le bracelet

sindza

le collier

vuhlalu

la bague

xingwaxila

la boucle d'oreille

vo sasekisa tindleve

le bonnet

kepisi

le cintre

hangara ya nghuvo

le chapeau

xigqoko

la cravate

thayi

la fermeture éclair

zipi

le casque

xihuku

les bretelles

minxongotelo

l'uniforme scolaire

swiambalo swa xikolo

l'uniforme

yunifomo

le bavoir

bibi

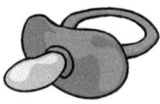

la sucette

xo tlangisa vana

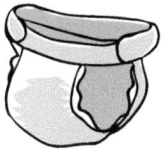

la lange

leyiri

le bureau
hofisi

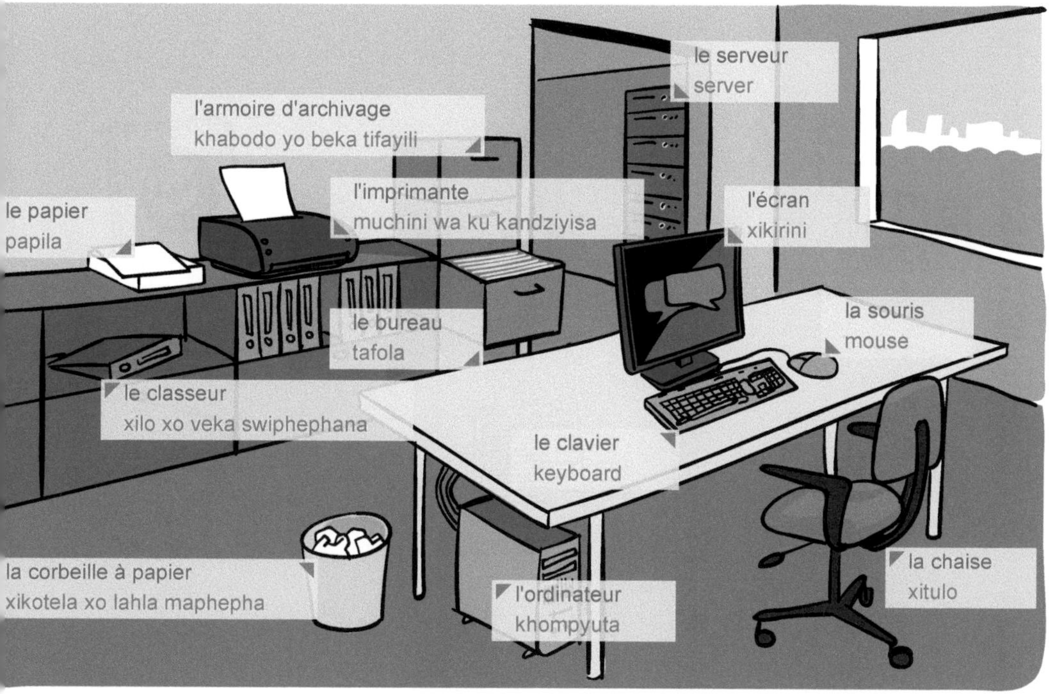

le serveur
server

l'armoire d'archivage
khabodo yo beka tifayili

l'imprimante
muchini wa ku kandziyisa

l'écran
xikirini

le papier
papila

la souris
mouse

le bureau
tafola

le classeur
xilo xo veka swiphephana

le clavier
keyboard

la corbeille à papier
xikotela xo lahla maphepha

la chaise
xitulo

l'ordinateur
khompyuta

la tasse de café

bikiri ra kofi

la calculatrice

muchini wo hlaya

l'internet

internet

l'ordinateur portable
laptop

la lettre
papila

le message
rungula

le portable
foni

le réseau
network

la photocopieuse
muchini wo endla tikopi

le logiciel
progreme ya khompyuta

le téléphone
riqingho

la prise
pulagi ya gezi

le fax
muchini wo rhumela rungula

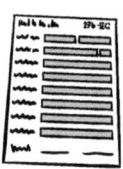

le formulaire
fomo

le document
papila

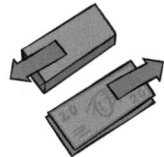

acheter

xava

payer

hakela

faire du commerce

xavisa

la monnaie

mali

le dollar

dolara

l'euro

euro

le yen

yen

le rouble

rouble

le franc suisse

Swiss franc

le renminbi yuan

renminb yuan

la roupie

rupee

le distributeur automatique

muchini wa mali

le bureau de change

ndhawu yo cinca mali

l'or

nsuku

l'argent

silivhere

le pétrole

mafurha

l'énergie

matimba

le prix

hakelo

le contrat

ntwanano

la taxe

xibalo

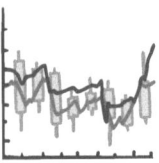

l'action

nundzu ya timali

travailler

tirha

l'employé

mutirhi

l'employeur

mothorhi

l'usine

fektri

le magasin

xitolo

l'agent de police
phorisa

le pompier
mutimi wa ndzilo

le cuisinier
musweki

le médecin
dokodela

le pilote
muhahisi

le jardinier

muhlayi wa ntanga

le menuisier

muvatli

la couturière

murungi

le juge

muavanyisi

le chimiste

xitshunguri

l'acteur

mutlangi

le conducteur de bus

muchaeri wa tibazi

le chauffeur de taxi

muchayeri wa thekisi

le pêcheur

muphasi wa tinhlampfi

la femme de ménage

wansati wa ku basisa

le couvreur

mufuleri

le serveur

muphameri

le chasseur

muhloti

le peintre

mupendi

le boulanger

mubaki

l'électricien

mutivi wagezi

l'ouvrier

muaki

l'ingénieur

munjiniyara

le boucher

muxavisi wa nyama

le plombier

muplambara

le facteur

muheleketi wa poso

le soldat

socha

l'architecte

mumpfampfarhuti

le caissier

muamukeli wa timali

le fleuriste

muxavisi wa swiluva

le coiffeur

mululamisi wa misisi

le contrôleur

mufambisi

le mécanicien

unhu wo lungisa timovha

le capitaine

mulawuri

le dentiste

dokotela wa matinho

le scientifique

mutivi wa sayensi

le rabbin

mufundisi

l'imam

murhangeri

le moine

nghwendza

le prêtre

mfundisi

les outils

switirhisiwa

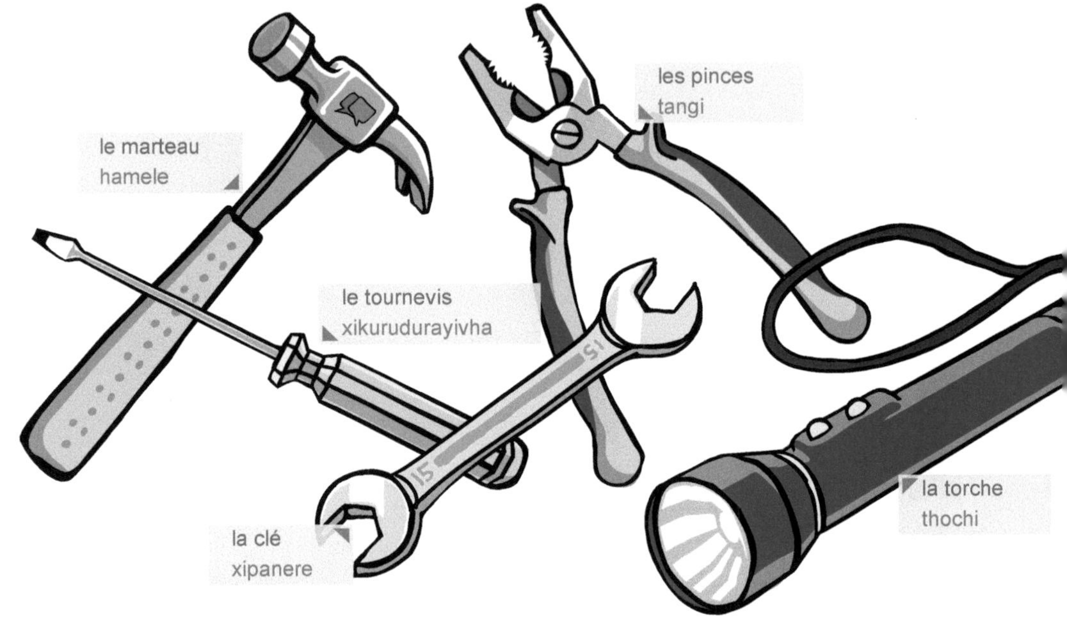

le marteau
hamele

les pinces
tangi

le tournevis
xikurudurayivha

la clé
xipanere

la torche
thochi

la pelleteuse

muchini wo cela

la boîte à outils

bokisi ra switirhisiwa

l'échelle

xitepisi

la scie

saha

les clous

swipikiri

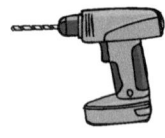

la perceuse

muchini wo boxa

réparer

lunghisa

la pelle

foxolo

Mince !

Thyaka!

la pelle

nchumu wo susa ritshuri

le pot de peinture

mbita ya pende

les vis

bawuti

les instruments de musique

swichayachayana

le haut-parleurs
xikurisa-mpfumawulo

la batterie
swigubu

la guitare
katara

la contrebasse
double bass

la trompette
mhalamhala

le piano

piyano

le violon

violin

la basse

bass

les timbales

timpani

le tambour

xigubu

le piano électrique

keyboard

le saxophone

saxophone

la flûte

xitiringo

le microphone

xikurisa-marito

le zoo

ntanga wa swiharhi

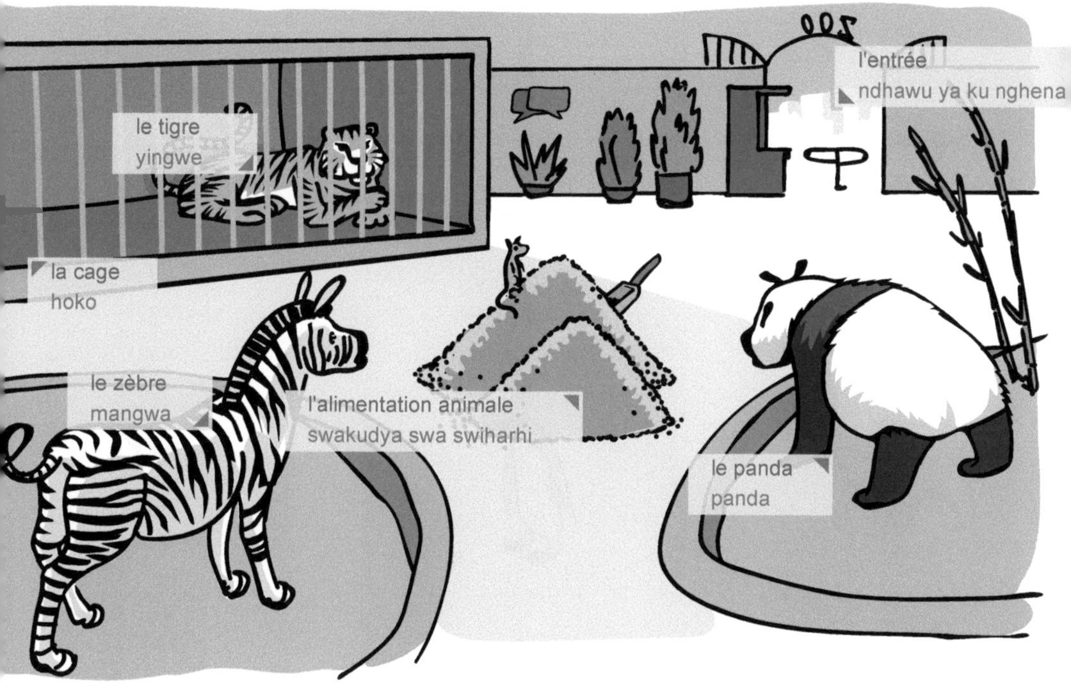

l'entrée
ndhawu ya ku nghena
le tigre
yingwe
la cage
hoko
le zèbre
mangwa
l'alimentation animale
swakudya swa swiharhi
le panda
panda

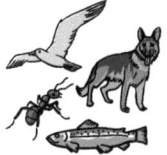

les animaux
swiharhi

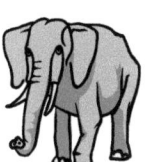

l'éléphant
ndlopfu

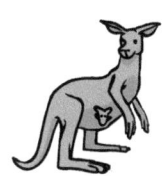

le kangourou
xinjhenghwe

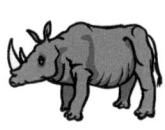

le rhinocéros
mhelembe

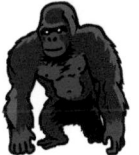

le gorille
gorila

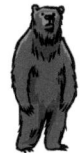

l'ours
bere

le chameau

kamela

l'autruche

yintsha

le lion

nghala

le singe

nkawu

le flamand rose

flamingo

le perroquet

hokwe

l'ours polaire

bere

le pingouin

penguin

le requin

shaka

le paon

hanti

le serpent

nyoka

le crocodile

ngwenya

le gardien de zoo

muhlayisi wa mintanga ya
swiharhi

le phoque

seal

le jaguar

jaguar

le poney

hanci

le léopard

yingwe

l'hippopotame

mpfuvu

la girafe

nhutlwa

l'aigle

gama

le sanglier

ngluve ya nhova

le poisson

hlampfi

la tortue

mfutsu

le morse

nyimpfu ya le lwandle

le renard

mhungubye

la gazelle

mhala

l'american Football
bolo ya le Amerika

le cyclisme
kufamba hi xi kanyakanya

le tennis
tennis

le basket-ball
basketball

la natation
kuhlambela

la boxe
ntlango wa ku bana

le hockey sur glace
khororo ya le ayísini

le football

bolo

le badminton

badminton

l'athlétisme

mintlango

le handball

bolo ya mavoko

le ski

kureta e gambokweni

le polo

polo

les activités
mintirho

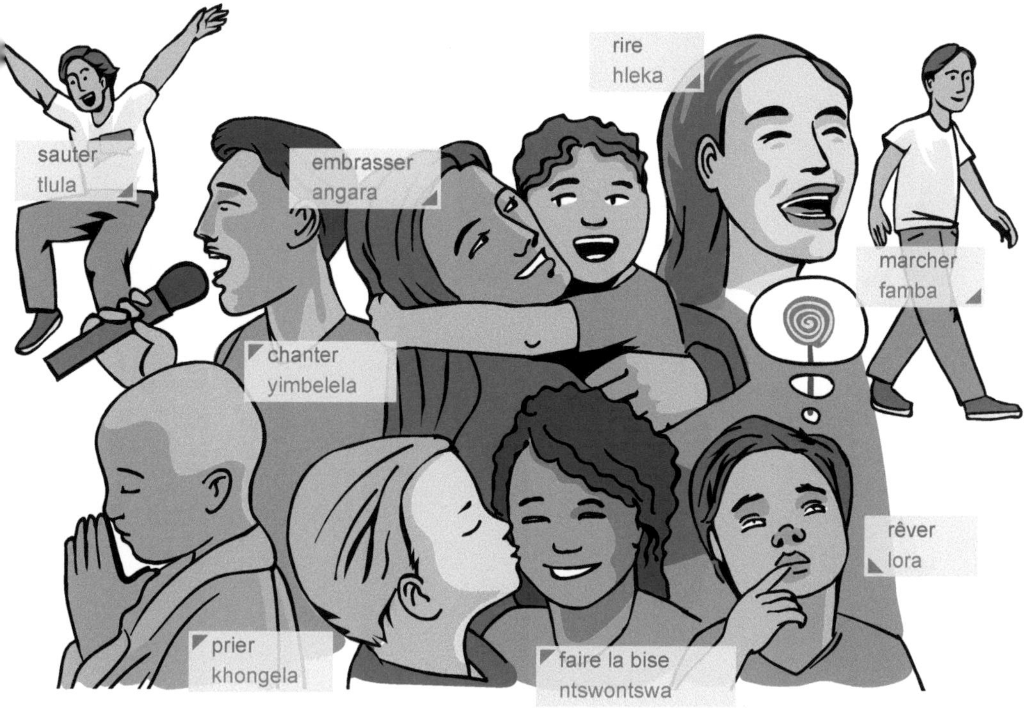

sauter
tlula
embrasser
angara
rire
hleka
marcher
famba
chanter
yimbelela
rêver
lora
prier
khongela
faire la bise
ntswontswa

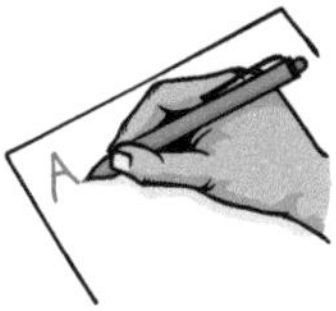

écrire

tsala

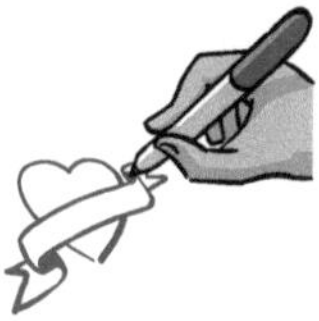

dessiner

dirowa

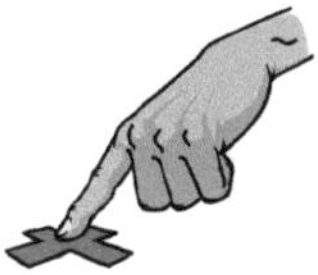

montrer

komba

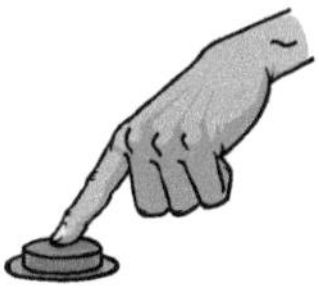

pousser

dlidlimeta

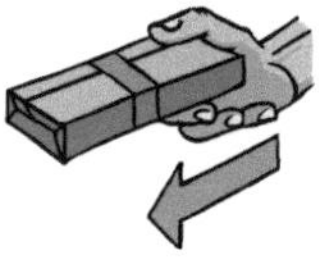

donner

nyika

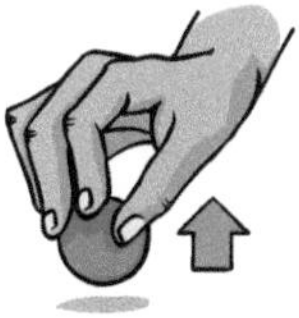

prendre

teka

avoir

yi va

faire

endla

être

ku va

être debout

yima

courir

tsutsuma

trier

koka

jeter

lahlela

tomber

wana

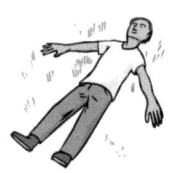

être couché

hemba

attendre

rindza

porter

rhwala

être assis

tshama

s'habiller

ambala

dormir

tlela

se réveiller

pfuka

regarder

languta

pleurer

rila

caresser

bana

peigner

kama

parler

vulavula

comprendre

twisisa

demander

vutisa

écouter

yingisa

boire

nwana

manger

dyana

ranger

basisa

aimer

randza

cuire

sweka

conduire

chayela

voler

haha

les activités - mintirho

faire de la voile

tluta

calculer

hlaya

lire

hlaya

apprendre

hlaya

travailler

tirha

se marier

teka

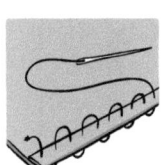

coudre

rhunga

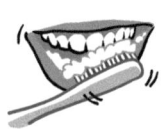

brosser les dents

kuhlamba meno

tuer

dlaya

fumer

dzaha

envoyer

rhumela

la famille
ndyanghu

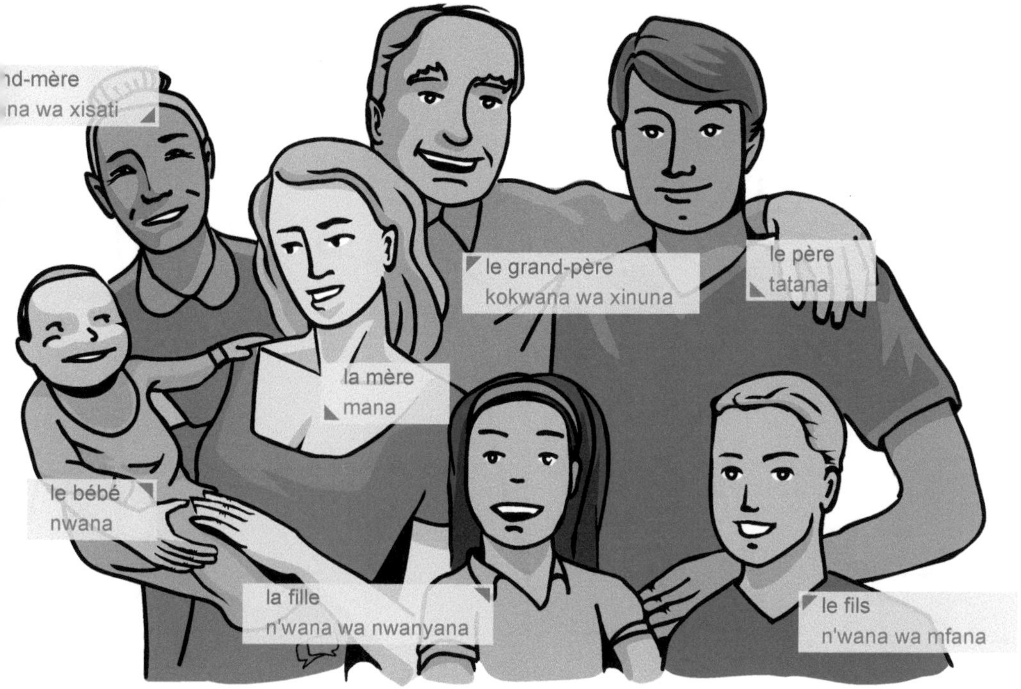

ıd-mère
na wa xisati
le grand-père
kokwana wa xinuna
le père
tatana
la mère
mana
le bébé
nwana
la fille
n'wana wa nwanyana
le fils
n'wana wa mfana

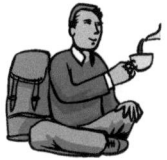

l'hôte
muendzi

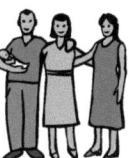

la tante
hahani

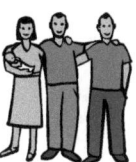

l'oncle
malume

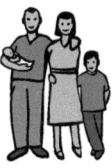

le frère
makwerhu

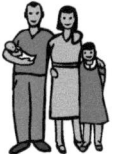

la sœur
makwrhu

le corps

miri

le front
mombo
l'œil
tihlo
l'épaule
katla
le doigt
ritiho
le visage
xikandza
le menton
xilebvu
la main
voko
la jambe
nenge
la poitrine
bele
le bras
voko

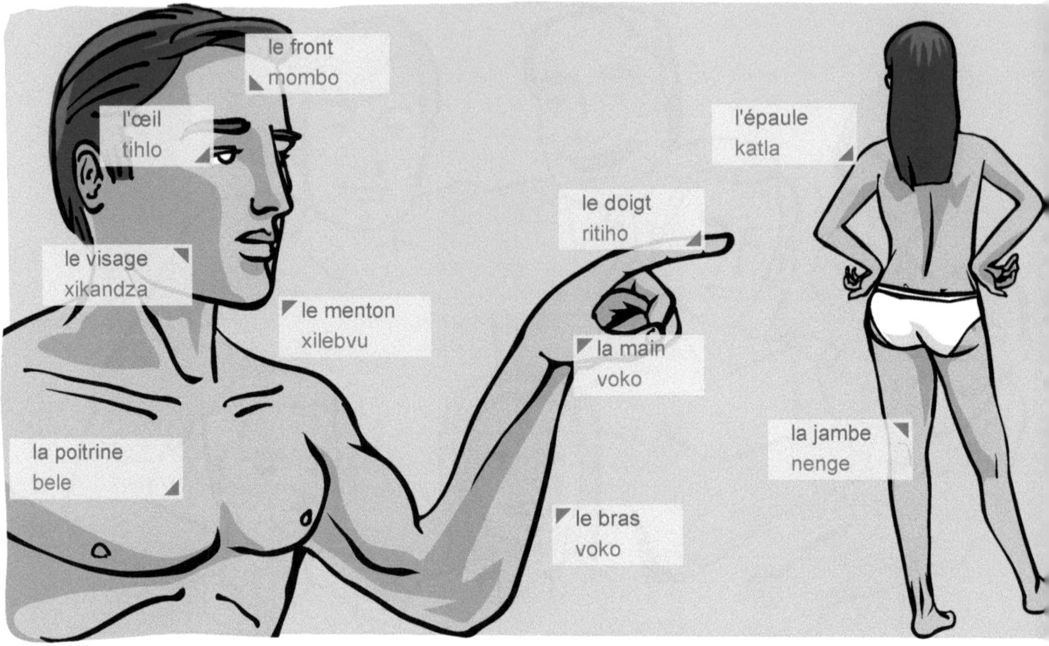

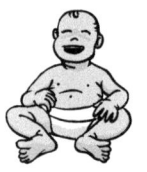

le bébé

nwana

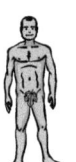

l'homme

n'wanuna

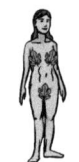

la femme

nw'ansati

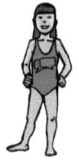

la fille

nhwanyana

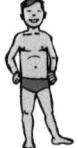

le garçon

mfana

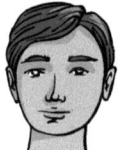

la tête

nhloko

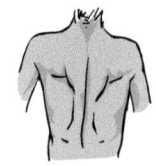

le dos

nhlana

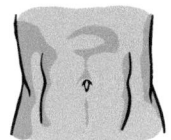

le ventre

khwiri

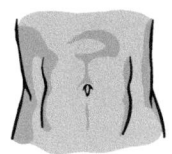

le nombril

nkava

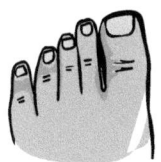

l'orteil

xikunwani

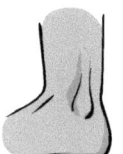

le talon

xirhenze

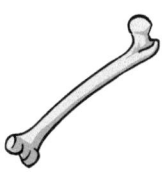

l'os

rhambu

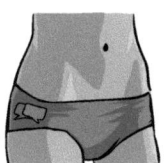

la hanche

nyonga

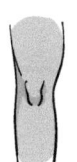

le genou

tsolo

le coude

xikokola

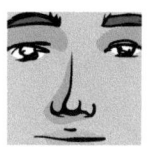

le nez

nompfu

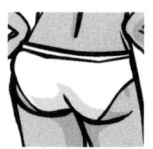

les fesses

xisuti

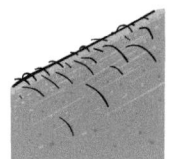

la peau

nhlonge

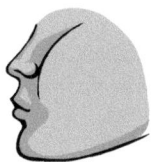

la joue

rhama

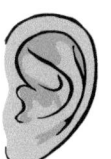

l'oreille

ndlebe

la lèvre

nomu

la bouche

nomu

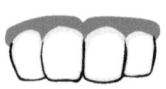

la dent

tinyo

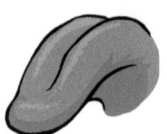

la langue

ririmi

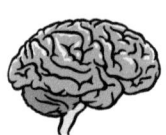

le cerveau

byongo

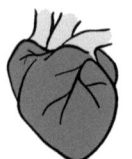

le cœur

mbilu

le muscle

nsiha

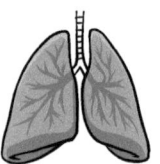

les poumons

hahu

le foie

vixindzi

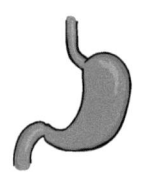

l'estomac

khwiri

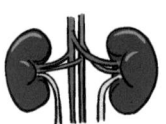

les reins

tinso

le rapport sexuel

masangu

le préservatif

khondomu

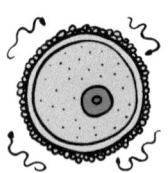

l'ovule

tandza

le sperme

mbewu ya vununa

la grossesse

nyimba

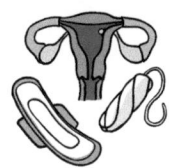

la menstruation

kuya enkarhini

le vagin

muhocho

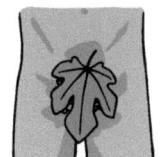

le pénis

xiluma

le sourcil

tinxiyi

les cheveux

misisi

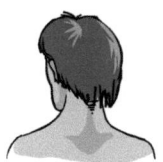

le cou

nhamu

l'hôpital
xibedlhele

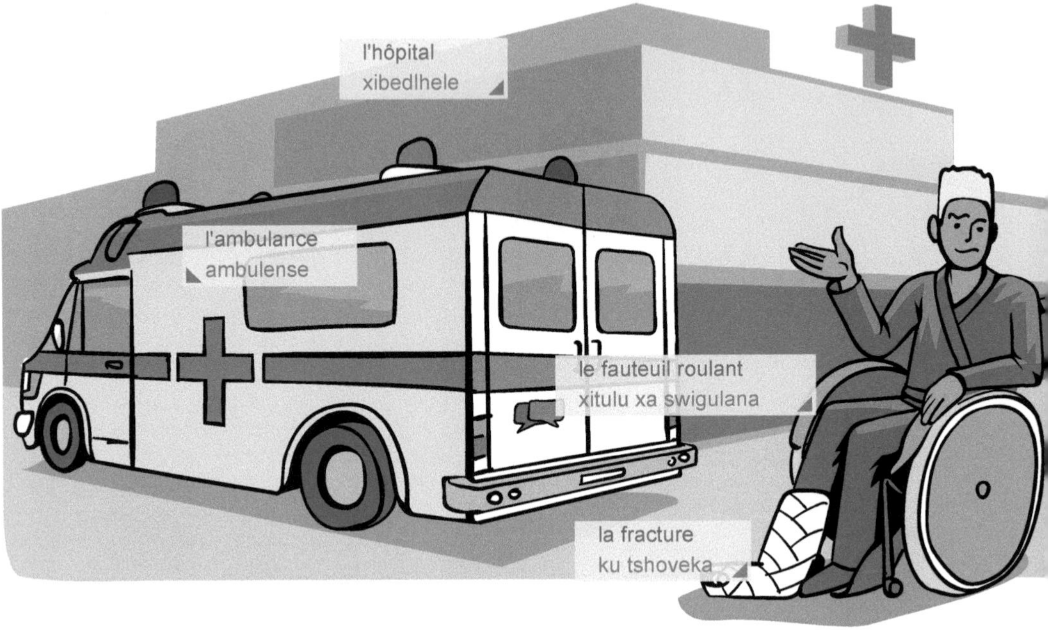

l'hôpital
xibedlhele

l'ambulance
ambulense

le fauteuil roulant
xitulu xa swigulana

la fracture
ku tshoveka

le médecin

dokodela

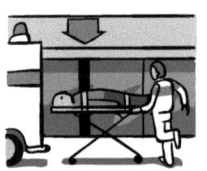

le service des urgences

kamara ra xilamulela-
mhango

l'infirmière

muongori

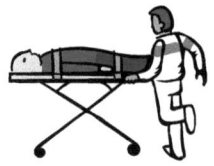

l'urgence

xihatla

inconscient

ku titivala

la douleur

kuvava

la blessure

ku vaviseka

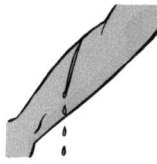

l'hémorragie

mpfempfa ngati

la crise cardiaque

ku hlaseriwa himbilu

l'attaque cérébrale

ku oma swirho

l'allergie

rinyenyo

la toux

khohlola

la fièvre

xifumbu

la grippe

mukhuhlwana

la diarrhée

nchuluko

le mal de tête

ku pandza ka nhloko

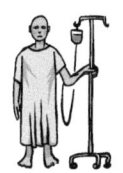

le cancer

khensa

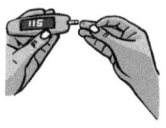

le diabète

chukela

le chirurgien

dokodela

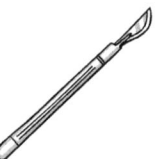

le scalpel

mukwana

l'opération

vuhandzuri

le CT

CT

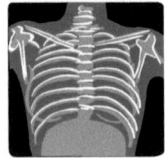

la radiographie

x-rheyi

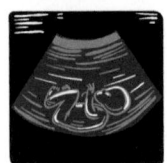

l'échographie

muchini wo yingisela
ntshuka-ntshuko

le masque

xo tipfala tinhomfu

la maladie

vuvabyi

la salle d'attente

kamara ro rindza

la béquille

nhonga

le pansement

semendhe

le pansement

bandhichi

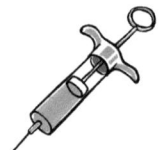

l'injection

neleta

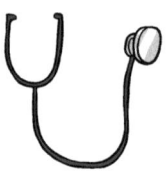

le stéthoscope

muchini wa madokodela wa
ku yingisa

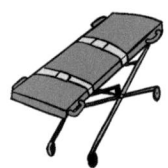

le brancard

rihlaka

le thermomètre

xipima-mahiselo

l'accouchement

ku veleka

la surcharge pondérale

ku nyuhela

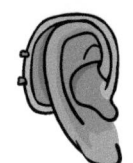

l'appareil auditif

swipfuneta-ku-twa

le désinfectant

khemikhale yo dlaya
switsongwatsongwana

l'infection

switsongwatsongwana

le virus

xitsongwatsongwana

le VIH / le sida

HIV / AIDS

le médicament

miri

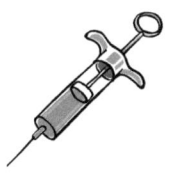

la vaccination

nayiti

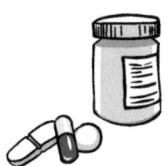

les comprimés

maphilisi

la pilule

pilisi

l'appel d'urgence

riqingho ra xihatla

le tensiomètre

muchini wo kamba
nsusumeto wa ngati

malade / sain

vabya / hanya

Au secours !

Pfunani!

l'alarme

bele

l'assaut

ku hlaseriwa

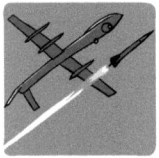

l'attaque

hlasela

le danger

khombo

la sortie de secours

nyangwa wo huma loko ku ri ni mhango

Au feu!

Ndzilo!

l'extincteur

xo tima ndzilo

l'accident

mhangu

la trousse de premier secours

bokisi ra xilamulela-mhango

SOS

SOS

la police

phorisa

l'Europe

Yuropa

l'Amérique du Nord

Amerika N'walungu

l'Amérique du Sud

Amerika Dzonga

l'Afrique

Afrika

l'Asie

Asia

l'Australie

Australia

l'Océan atlantique

Atlantic

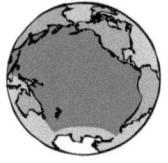

l'Océan pacifique

Pacific

l'Océan indien

Lwandle-nkulu ra Indiya

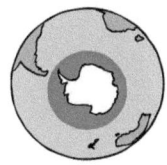

l'Océan antarctique

wandle-nkulu ra Antarctic

l'Océan arctique

Lwandle-nkulu ra Arctic

le Pôle nord

North Pole

le Pôle sud

South Pole

l'Antarctique

Antarctica

la terre

Misava

le pays

tiko

la mer

lwandle

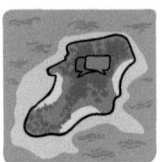

l'île

xihlala

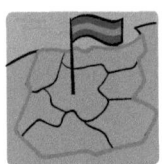

la nation

rixaka

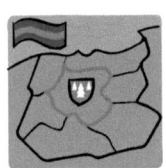

l'état

tiko

le cadran

xikomba nkarhi

l'aiguille des heures

xikomba-tiawara

l'aiguille des minutes

xikomba-timineti

l'aiguille des secondes

xikomba-tisekoni

Quelle heure est-il ?

I nkarhi muni?

le jour

siku

le temps

nkarhi

maintenant

sweswi

la montre digitale

wachi leyi tshavatelaka

la minute

minete

l'heure

awara

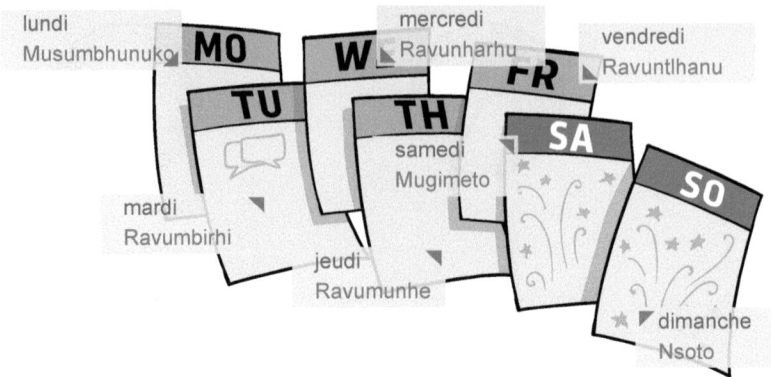

lundi
Musumbhunuko

mardi
Ravumbirhi

mercredi
Ravunharhu

jeudi
Ravumunhe

vendredi
Ravuntlhanu

samedi
Mugimeto

dimanche
Nsoto

hier
tolo

aujourd'hui
namuntlha

demain
mundzuku

le matin
mixo

le midi
nhlekani

le soir
madyambu

MO	TU	WE	TH	FR	SA	SU
1	2	3	4	5	6	7
8	9	10	11	12	13	14
15	16	17	18	19	20	21
22	23	24	25	26	27	28
29	30	31	1	2	3	4

les jours ouvrables
masiku ya ntirho

MO	TU	WE	TH	FR	SA	SU
1	2	3	4	5	6	7
8	9	10	11	12	13	14
15	16	17	18	19	20	21
22	23	24	25	26	27	28
29	30	31	1	2	3	4

le week-end
mahelo vhiki

l'année
lembe

l'arc-en-ciel
nkwangulatilo
la pluie
mfpula
la neige
gamboko
le vent
moya
le printemps
xumun'wana
l'automne
xixikana
l'été
ximumu
l'hiver
xixika

4.APRIL 11°
5.APRIL 4°
6.APRIL 13°
7.APRIL 8°
8.APRIL 10°

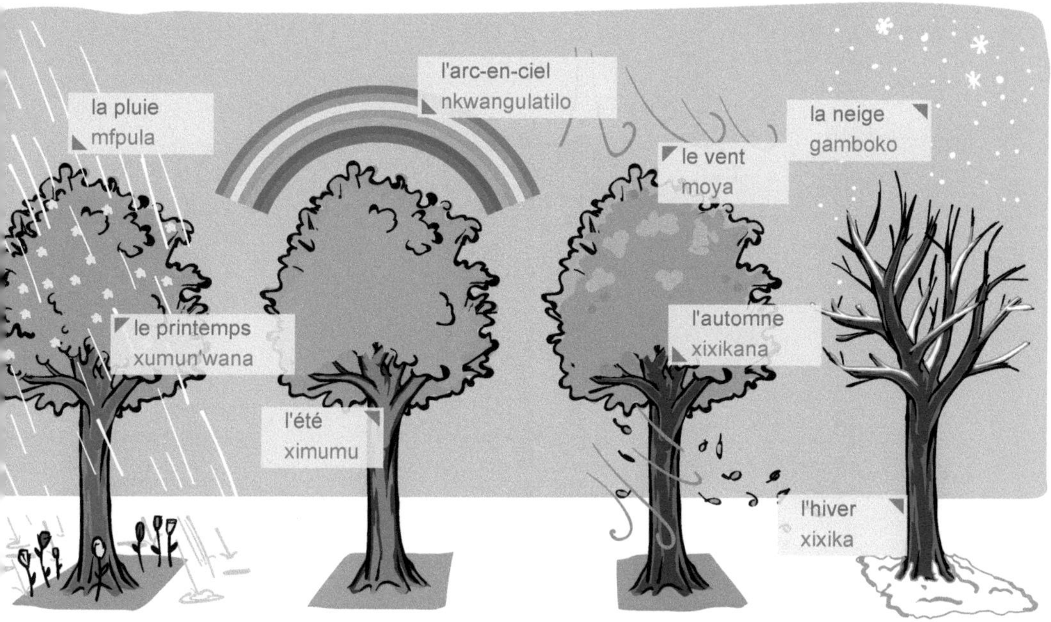

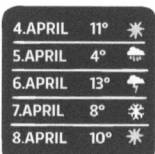

la météo

vumbha tamaxelo

F
C
120
90
60
30
0
-30
40
30
20
10
0
-10
-20

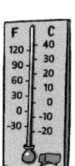

le thermomètre

xipima-mahiselo

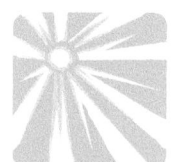

la lumière du soleil

dyambu

le nuage

papa

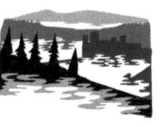

le brouillard

hunguva

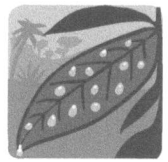

l'humidité

kutsakama

la foudre

rihati

la tonnerre

dzindza-tilo

la tempête

xidzedze

la grêle

xihangu

la mousson

mpfula

l'inondation

ndhambi

la glace

ayisi

janvier

Sunguti

février

Nyenyenyana

mars

Nyenyankulu

avril

Dzivamusoko

mai

Mudyaxihi

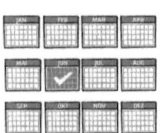

juin

Khotavuxika

juillet

Mawuwani

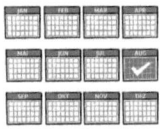

août

Mhawuri

l'année - lembe

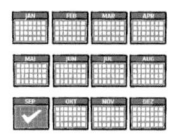

septembre

Ndzhati

octobre

Nhlangula

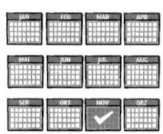

novembre

Hukuri

décembre

N'wendzamhala

les formes

swivumbeko

le cercle

xirendzevutana

le carré

xikwere

le rectangle

matlhelo ya mune

le triangle

xivunguvungu xa tintlha tinharhu

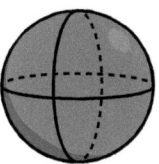

la sphère

bolo

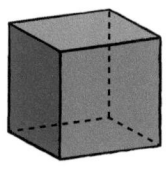

le cube

cube

blanc

basa

jaune

xitshopana

orange

lamula

rose

tshwukanyana

rouge

tshwuka

violet

xigunguvungu

bleu

wasi

vert

rihlaza

marron

buraweni

gris

mpunga

noir

ntima

beaucoup / peu

swo tala / swi tsongo

fâché / calme

hlundzukile / rhurile

joli / laid

sasekile / bihile

le début / la fin

masungulo / makumo

grand / petit

kulu / tsongo

clair / obscure

vangama / munyama

frère / soeur

buti / sesi

propre / sale

basile / chakile

complet / incomplet

helerile / helelangiki

le jour / la nuit

siku / vusiku

mort / vivant

file / hanyaka

large / étroit

pfulekile / pfalekile

comestible / incomestible

swa dyiwa / a swi dyiwi

méchant / gentil

homboloka / lunghile

excité / ennuyé

tsakile / phirekile

gros / mince

nyuhela / lala

le premier / le dernier

masungulo / makumo

l'ami / l'ennemi

mungana / nala

plein / vide

tele / hava

dur / souple

tiyile / olova

lourd / léger

tika / vevuka

faim / soif

ndlala / torha

malade / sain

vabya / hanya

illégal / légal

swi ngariki enawini / enawini

intelligent / stupide

tlharihile / xiphukuphuku

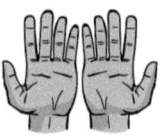

gauche / droite

ximati / xinene

proche / loin

akusuhi / kule

nouveau / usé

yintshwa / tirhisiwile

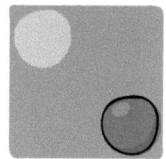

rien / quelque chose

hava / xin'wana

vieux / jeune

dyuharile / muntshwa

marche / arrêt

xarirha / xitimile

ouvert / fermé

pfurile / pfariwile

faible / fort

myerile / huwa

riche / pauvre

fuwile / xisiwana

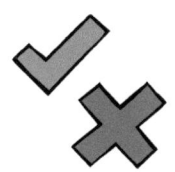

correct / incorrect

swinene / bihile

rugueux / lisse

khwasha / reta

triste / heureux

vaviseka / tsaka

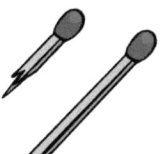

court / long

koma / leha

lent / rapide

hlwela / hatlisa

mouillé / sec

tsakama / oma

chaud / froid

kufumela / titimela

la guerre / la paix

nyimpi / kurhula

les oppositions - swo hambana

0

zéro

noto

1

un / une

n'we

2

deux

mbirhi

3

trois

nharhu

4

quatre

mune

5

cinq

ntlhanu

6

six

ntsevu

7

sept

nkombo

8

huit

nhungu

9

neuf

nkaye

10

dix

khume

11

onze

khume n'we

12
douze

khume mbirhi

13
treize

khume nharhu

14
quatorze

khume mune

15
quinze

khume ntlhanu

16
seize

khume ntsevu

17
dix-sept

khumbe nkombo

18
dix-huit

khume nhungu

19
dix-neuf

khume nkaye

20
vingt

makhume mambirhi

100
cent

dzana

1.000
mille

gidi

1.000.000
le million

gidi ya magidi

l'anglais

Xinghezi

l'anglais américain

Xinghezi xa Amerika

le chinois mandarin

Xichayina xa Mandarin

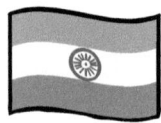

le hindi

Xihindi

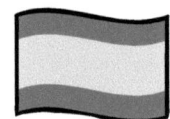

l'espagnol

Xipaniya

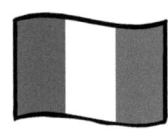

le français

Xifurwa

l'arabe

Xiarabu

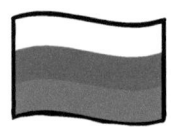

le russe

Xirhaxiya

le portugais

Xiputukezi

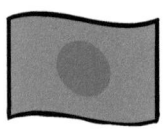

le bengali

Xibengali

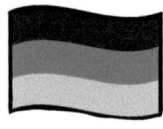

l'allemand

Xijarimani

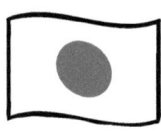

le japonais

Xijapani

je
mina

tu
wena

il / elle / ce, c', cela
yena / yena / xona

nous
hina

vous
n'wina

ils / elles
vona

Qui ?
mani?

Quoi ?
yini?

Comment ?
njhani?

Où ?
kwihi?

Quand ?
rhini?

le nom
vito

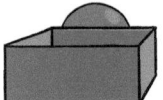

derrière

endzaku

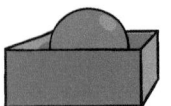

dans

ahehla

devant

emahlweni a

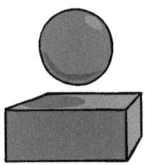

au-dessus

ahenhla ka

sur

eka

en-dessous

ehansi

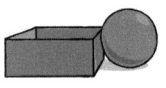

à côté de

handle ka

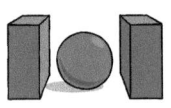

entre

exikarhi ka

le lieu

ndhawu